Copyright © für die deutsche Ausgabe

Parragon
Queen Street House
4 Queen Street
Bath BA1 1HE, UK

Übersetzung und Redaktion: Kirsten E. Lehmann, Köln
Satz: Birgit Beyer, Köln
Koordination: trans texas Publishing Köln

ISBN 978-1-4454-3453-7
Printed in China

Der rasende Traktor

Bath • New York • Singapore • Hong Kong • Cologne • Delhi
Melbourne • Amsterdam • Johannesburg • Auckland • Shenzhen

Ein arbeitsreicher Tag wartet auf Bauer Bolle.

„Das muss alles heute erledigt werden", sagt seine Frau Fenja und hält ihrem Mann eine lange Liste entgegen.

„Keine Sorge!", sagt Bauer Bolle. „Mit Hilfe des Traktors bin ich fertig, bevor du *Petersilienkartoffeln* gesagt hast."

„Komm mit, Harry", ruft er seinem treuen Hirtenhund zu.

Bauer Bolle düst auf seinem Traktor als Erstes zum obersten Feld am Waldrand.

„Wau! Wau!", bellt Harry, während sie mit hoher Geschwindigkeit über das Feld sausen. Der Traktor ist viel zu schnell.

Als sie durch das nächste Feld rasen, kommt Pjotr, das Pferd, herangetrabt, um zu sehen, was da solch einen Lärm macht.

Gerade als Pjotr seinen Kopf über die Hecke streckt, knattert der Traktor an ihm vorbei – und seine Reifen spritzen den Schlamm in alle Richtungen.

„Niehiehie!", schreit Pjotr auf, als er mit lauter Erdklumpen übersät wird.

Aber Bauer Bolle hört sein Pferd nicht. Er ist bereits unterwegs zur nächsten Aufgabe.

Niehiehie!

In null Komma nichts hat Bauer
Bolle den Anhänger voll Heu an den
Traktor gespannt.

„Die Kühe werden gefüttert sein,
noch bevor man *Rübenkraut* sagen
kann", lacht er vor sich hin.

Bauer Bolle rast über
die Kuhweide hinweg.
Dabei fliegen die
Heuballen in alle
Richtungen. Harry
springt hinter
ihnen her.

„Wau! Wau!", bellt Harry aufgeregt –
denn die dicken Heuballen sehen gefährlich
aus. Und schon purzeln sie vom Anhänger
direkt auf Karla, die Kuh, zu.

„Muuuh!", schreit die Arme und rennt
hinunter zum Bach.

„Wir haben alles in Rekordzeit erledigt!",
ruft Bauer Bolle, als er auf den Hof
zurückkehrt. „Wo sind nur alle?"

Bauer Bolle sucht den ganzen Hof ab –
aber keines der Tiere ist zu sehen.

Da kommt Harry aufgeregt auf den Hof gelaufen und bellt. „Wau! Wau!"

„Was ist los, Harry?", fragt Bauer Bolle erstaunt. „Wo sind denn die anderen Tiere?"

Daraufhin läuft Harry vom Hof, und Bauer Bolle folgt ihm.

Pjotr, das Pferd, Susi, das Schaf, Fred, das Ferkel, und Herta, die Henne, stehen unten am Bach.

Bauer Bolle traut seinen Augen nicht, als er Karla, die Kuh, stocksteif mitten im Bach stehen sieht.

„Kartoffelkraut und Kohlkopf!", knarzt
Bauer Bolle. „Wie kommst du denn da hinein?!"

„Muuh!", schreit Karla, die Kuh, verärgert.

„Keine Bange", sagt Bauer Bolle lächelnd.
„Ich hab da eine Idee!"

Bauer Bolle verschwindet in seiner Werkstatt. Die Tiere kommen eins nach dem andern zum Schuppen, und alle horchen auf das Klopfen und Zischen dort drinnen.

„Gute Güte", gluckst Herta, die Henne. „Was Bauer Bolle wohl diesmal macht?"

„Ich hoffe nur, dass die arme Karla bald gerettet wird", sagt Fred, das Ferkel. „Ihr wisst, wie sauer ihre Milch wird, wenn sie sich aufregt."

In dem Moment fliegt das Werkstatttor auf – und heraus kommt Bauer Bolle. Er zieht hinter sich her ...

„... ein aufblasbares Kuh-Floß!", wie er stolz verkündet. Und schon ist Bauer Bolle wieder unterwegs zum Bach.

Pjotr, das Pferd, und die anderen Tiere folgen ihm in sicherer Distanz.

In wenigen Minuten hat Bauer Bolle das aufblasbare Kuh-Floß funktionstüchtig gemacht und erklärt Karla, der Kuh, wie sie hinaufsteigen soll.

Die umherstehenden Tiere halten den Atem an, als sie Karla zitternd auf dem Kuh-Floß hin- und herschaukeln sehen.

Langsam treibt das Kuh-Floß den Bach entlang. Und dann hören alle ein Kratzen und darauf ein lautes Zischen ...

Und dann sehen alle, wie Karla, die Kuh, und das aufblasbare Kuh-Floß langsam auf den Grund des Baches sinken.

„Harry!", gackert Herta, die Henne laut. „Wir müssen Karla retten!"

„Ich würde sie ja gern herausziehen ...", seufzt Pjotr, das Pferd. „Aber ich bin nicht mehr der Jüngste."

„Der Traktor ist der einzige, der ihr noch helfen kann", grunzt Fred, das Ferkel.

„Harry, du musst es Bauer Bolle sagen", blökt Susi, das Schaf. „Auf dich hört er immer!"

Harry läuft zum Traktor.

„Wau! Wau!", bellt er laut und springt ins Führerhaus.

„Was machst du da?", fragt Bauer Bolle und kratzt sich am Kopf. „Ich hab jetzt keine Zeit zum Traktorfahren. Ich muss überlegen, wie ich das aufblasbare Kuh-Floß wieder flott kriege."

„Wau! Wau!", bellt Harry wieder und schnappt sich das Ende des Seils, das an der Anhängerkupplung des Traktors befestigt ist.

„Ich hab's! Das ist eine noch bessere Idee!", ruft Bauer Bolle. „Ich weiß, wie Karla gerettet wird!"

Bauer Bolle fährt den Traktor hinunter ans Bachufer. Dann bindet er das Seilende an das Kuh-Floß.

„Das kann ich nicht mit ansehen!", gackert Herta, die Henne, und verbirgt ihre Augen hinter einem Flügel.

„Arme Karla!", grummelt Pjotr und schüttelt seine schlammbespritzte Mähne.

Langsam und vorsichtig fährt Bauer Bolle den Abhang hinauf und zieht das Floß an Land. Schließlich hat Karla, die Kuh, wieder sicheren und trockenen Boden unter den Hufen. Alle Tiere applaudieren.

Später auf dem Hof ist Bauer Bolle
überaus zufrieden mit sich.

„Schau mal!", sagt er zu Fenja und
zeigt ihr die abgehakte Liste. „Ich hab
sämtliche Arbeiten erledigt ..."

„... und dank des superschnellen Traktors hatte ich sogar Zeit, Pjotr zu bürsten und Karla zu retten!"

Fenja aber sieht nur Harry, den Hirtenhund, an – und schmunzelt.